Observer le jeûne et célébrer le Naw-Rúz partout dans le monde

Ouvrage écrit et illustré par
Melissa López Charepoo

Dédié avec amour

à Maxwell et Paul

Nous proposons, dans ce livre, une représentation artistique
de la beauté et de la diversité du genre humain. Nous ne
tentons pas de représenter de façon exacte et exhaustive
l'ensemble des peuples, des habits traditionnels et des
langues des différentes parties du monde.

Imprimé avec CreateSpace

Première publication 2017. Réimpression 2026.

ISBN 978-1-971750-13-2 (livre broché)

« Ô Plume du Très-Haut ! Dis :
Ô peuple du monde, nous vous prescrivons de jeûner
durant une brève période à l'issue de laquelle nous avons
conçu pour vous la fête du Naw-Rúz. Ainsi le Soleil de la parole
brille au-dessus de l'horizon du Livre comme le décrète le Seigneur
du commencement et de la fin. Que les jours en surplus des mois soient
placés avant le mois du jeûne. Nous décrétons que, de tous les jours et
de toutes les nuits, ils sont les manifestations de la lettre Há, et c'est ainsi
qu'ils ne sont pas comptés dans l'année et ses mois. Au cours de ces journées,
il incombe au peuple de Bahá de faire bonne chère ; qu'ils partagent avec leur
famille et, plus largement, avec les pauvres et les indigents, puis invoquent et
glorifient leur Seigneur, chantent ses louanges et magnifient son nom dans
la joie et l'allégresse. Et lorsque finissent ces jours de générosité qui
précèdent la période d'abstinence, que pour eux commence le jeûne. Ainsi
l'ordonne le Seigneur de toute l'humanité. Le voyageur, le malade, la
femme enceinte ou qui allaite, ne sont pas tenus de jeûner ; Dieu
les en dispense en signe de sa grâce. Il est, en vérité,
le Tout-Puissant, le Très-Généreux. »

Bahá'u'lláh, *Le Kitáb-i-Aqdas*

Les jours d'Ayyám-i-Há viennent juste de se terminer.
Aux quatre coins du monde, nos cœurs débordent de joie et d'allégresse.
Ceux qui ont atteint l'âge de la maturité pourront maintenant observer le jeûne.
Cette période se caractérise par une maîtrise de soi à la fois physique et
spirituelle, par l'abstention de boire et de manger du lever jusqu'au
coucher du soleil.

19 jours de jeûne pendant le mois de 'Alá',
19 jours qui surviennent lors du dernier mois
du calendrier Badí'.
19 jours avant le temps du renouveau.
19 jours avant le Nouvel An, avant le Naw-Rúz !

Comme nous sommes des enfants, nous sommes exemptés
d'observer le jeûne.
Nous nous y préparons, pour l'observer quand nous
atteindrons l'âge de la maturité, soit 15 ans.
Nous le ferons par obéissance aux lois de Bahá'u'lláh,
pour le progrès de notre âme, pour renforcer notre foi.

19 jours de jeûne pour ceux qui ne sont
pas exemptés de jeûner.
19 jours pour les femmes et les
hommes en santé.
19 jours pour ceux qui ont plus de 15 ans.
19 jours pour ceux qui ont moins
de 70 ans !

Le jeûne est à la fois physique et spirituel.
Il fait croître notre amour pour Dieu.
Le jeûne et les prières obligatoires sont comme le soleil et la lune.
Ils sont les deux piliers de la loi de Dieu.

19 jours de jeûne pour purifier nos cœurs.
19 jours de rétablissement spirituel.
19 jours de bienfaits innombrables.
19 jours qui élèvent nos esprits !

Au lever et au coucher du soleil,
partout dans le monde, nous soutenons nos parents et
amis qui jeûnent en leur offrant notre aide,
en récitant de magnifiques prières avec plaisir et ravissement.

19 jours de jeûne, de prières et de méditation.
19 jours pour nous souvenir des pauvres.
19 jours pour sonder notre cœur.
19 jours qui confèrent bienfaits et suscitent générosité et tranquillité !

Avec la fin de l'année bahá'íe se termine aussi le jeûne.
Le monde est ranimé par un nouvel esprit.
L'humanité est reconnaissante envers Dieu pour la période
de réflexion qu'elle vient de vivre.
Puis le jour du Naw-Rúz coïncide avec l'équinoxe !

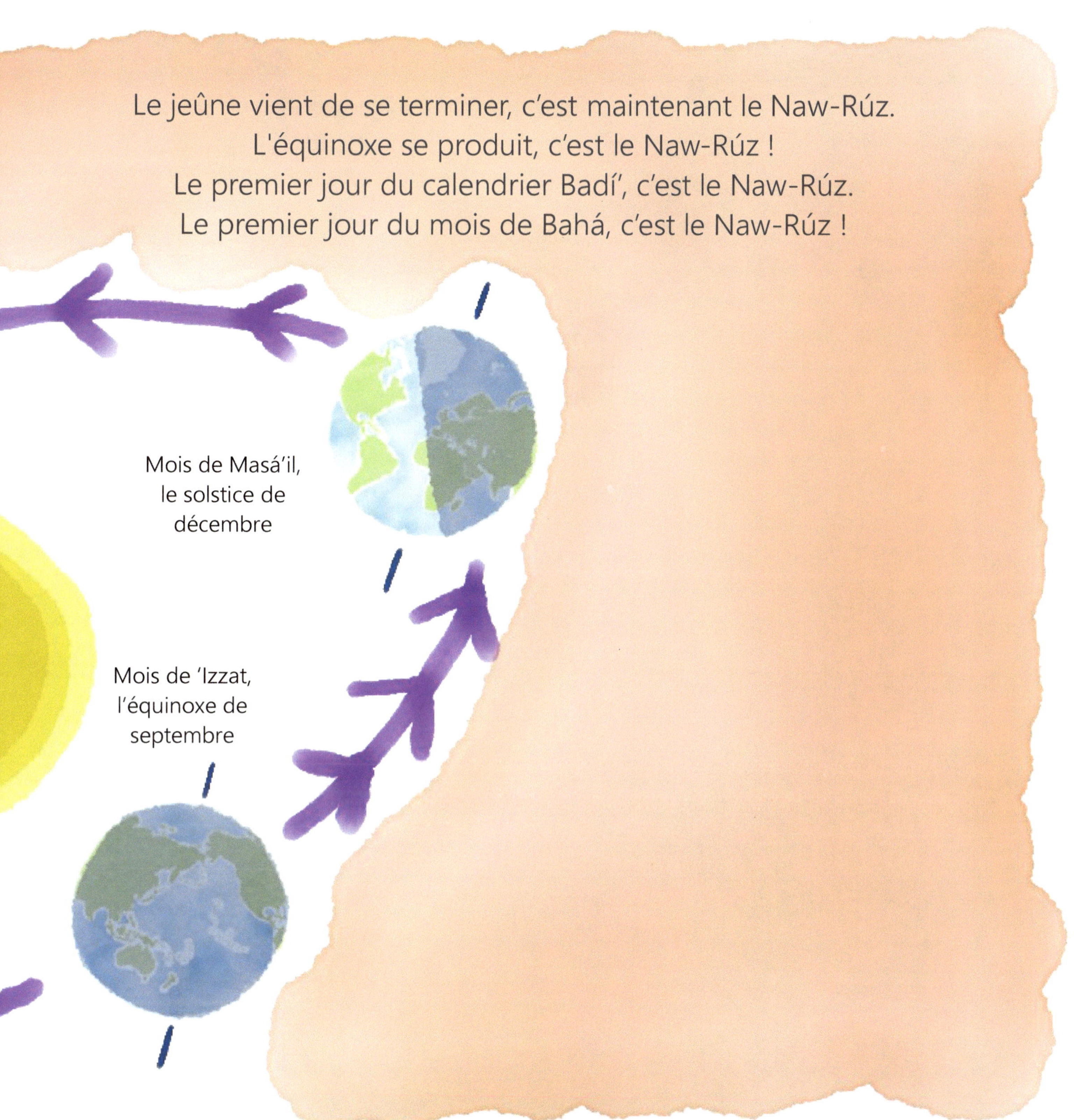

Le jeûne vient de se terminer, c'est maintenant le Naw-Rúz.
L'équinoxe se produit, c'est le Naw-Rúz !
Le premier jour du calendrier Badí', c'est le Naw-Rúz.
Le premier jour du mois de Bahá, c'est le Naw-Rúz !
Mois de Masá'il,
le solstice de
décembre
Mois de 'Izzat,
l'équinoxe de
septembre

Честит Ноу-Руз
(Chestit Naw-Rúz)
Bulgare, Bulgarie

መልካም ናውሩዝ
(Melikami Naw-Rúz)
Amharique, Éthiopie

Happy Naw-Rúz
Anglais, Belize

Tausaga Fou Fiafia

ノールーズ おめで
(Naw-Rúz Omedetou)
Japonais, Japon

Feliz Naw-Rúz
Portugais, Brésil

Sur la terre, quand les fleurs s'épanouissent ou quand les
feuilles tombent, c'est un rappel de la clémence de Dieu.
Parce qu'il a donné à l'humanité un
nouveau jour, une nouvelle année, afin
de vivre dans l'unité, l'amour et l'harmonie.

Un nouveau jour, c'est le Naw-Rúz.
Un jour de renouveau pour nos esprits, c'est le Naw-Rúz.
Le commencement de l'année bahá'íe, c'est le Naw-Rúz.
Une fête pour nos âmes, c'est le Naw-Rúz !

Feliz Naw-Rúz
Espagnol, Bolivie

Happy Naw-Rúz
Anglais, Australie

Glad Naw-Rúz

نوروز مبارك   عيد نوروز مبارك
(Eieed Naw-Rúz Mubarakh)
Arabe, Jordanie

Joyeux Naw-Rúz
Français,
République démocratique
du Congo

Felice Naw-Rúz

Des enfants comme vous et moi, dans un esprit festif,
célèbrent avec leur famille et leurs amis partout, dans
leur communauté et dans leur voisinage.
Nos meilleurs vœux vous parviennent des quatre
coins du monde à l'occasion du Naw-Rúz !

Un jour à observer, c'est le Naw-Rúz.
Une célébration pour tous, c'est le Naw-Rúz.
Le mois de l'abstinence vient de se terminer,
avec un vrai festival pour le bonheur de tous.
Soyons joyeux, c'est le jour du Naw-Rúz !

Joyeux

Naw-Rúz

Pour obtenir de plus amples renseignements sur la foi bahá'íe, veuillez consulter le site :

www.bahai.org

Références :

Bahá'u'lláh, *Le Kitáb-i-Aqdas*

Bahá'u'lláh, *Prayers and Meditations*

Divers auteurs, *Prières bahá'íes : une sélection de prières révélées par Bahá'u'lláh, le Báb et 'Abdu'l-Bahá*

J. E. Esslemont, *Bahá'u'lláh et l'ère nouvelle*

Bahá'u'lláh et 'Abdu'l-Bahá, *The Importance of the Obligatory Prayer and Fasting*

Je remercie sincèrement :

Mon cher mari Darioush Charepoo pour tout son soutien.

Leanna Guillén Mora pour son travail d'édition du livre, pour son aide dans la correction des épreuves et la validation des illustrations.

Sophia Wood pour ses conseils en matière de rédaction, de publication de livres et pour son aide dans la correction d'épreuves.

Thomas Kavelin, Varya Sanina-Garmroud, Nilmari Donate et Rachel Anderson pour leur aide dans la correction d'épreuves.

Elegna Rodríguez et Nilmari Donate pour leur aide dans la validation des illustrations. Ainsi que Irina Kashefi, Tayechalem Moges, Hidenori Kubo, Zhena Kavelin, Tulua Smith, Carole Hitti, Shahryar Varahramyan, Neguin Malkin, Iman Sioushansian et les autres contributeurs qui m'ont aidée à traduire « Happy Naw-Rúz » dans diverses langues.

Remerciements à Maroussia Beaulieu pour la traduction du livre en français.